EDELVAN JOSÉ DOS SANTOS

Novena de Santa Dulce dos Pobres

SANTUÁRIO

DIREÇÃO EDITORIAL: Pe. Fábio Evaristo R. Silva, C.Ss.R.
COORDENAÇÃO EDITORIAL: Ana Lúcia de Castro Leite
COPIDESQUE: Luana Galvão
REVISÃO: Ana Lúcia de C. Leite
DIAGRAMAÇÃO E CAPA: Tiago Mariano da Conceição

Textos bíblicos extraídos da Bíblia de Aparecida,
Editora Santuário, 2006.

ISBN 978-85-369-0607-2

3ª impressão

Todos os direitos reservados à **EDITORA SANTUÁRIO** – 2021

Rua Pe. Claro Monteiro, 342 – 12570-000 – Aparecida-SP
Tel: 12 3104-2000 – Televendas: 0800 0 16 00 04
www.editorasantuario.com.br
vendas@editorasantuario.com.br

Santa Dulce dos Pobres

Maria Rita de Souza Brito Lopes Pontes, mais conhecida como Irmã Dulce, nasceu em 26 de maio de 1914, em Salvador (BA). Filha do dentista Augusto Lopes Pontes e de Dulce Maria de Souza Brito Lopes Pontes, iniciou sua vida caridosa aos 13 anos, transformando seu próprio lar em um centro de atendimento para mendigos e doentes. Sua casa ficou conhecida como "Portaria de São Francisco", e Maria Rita foi influenciada diretamente pelo costume de sua família de trabalhar em favor da população carente.

Em fevereiro de 1933, logo após se formar professora, Maria Rita ingressou na Congregação das Irmãs Missionárias da Imaculada Conceição da Mãe de Deus, em São Cristóvão (SE). Ao receber o hábito de freira, ela adotou o nome de Irmã Dulce, em homenagem a sua mãe, falecida em 1921.

Embora sua vocação fosse o trabalho com os pobres e excluídos, o primeiro compromisso de Irmã Dulce como freira foi lecionar em um colégio sustentado por sua congregação, no bairro da Massaranduba, na Cidade Baixa, em Salvador. Em 1936, fundou a primeira organização operária católica da Bahia, a União Operária São Francisco, cujo propósito era o atendimento à população carente, principalmente à classe operária. Em maio de 1939, Irmã Dulce inaugurou uma escola pública para os operários e seus filhos, o Colégio Santo Antônio. Ao ser expulsa de cinco casas na Ilha dos Ratos, que havia ocupado para abrigar doentes recolhidos nas ruas de Salvador, ela peregrinou com eles por vários pontos da cidade, durante dez anos, até ocupar um galinheiro ao lado do Convento Santo Antônio, após permissão de sua superiora. Nesse local, hoje está o Hospital Santo Antônio, um dos maiores da Bahia. Em 1959, foi criada oficialmente a Associação Obras Sociais Irmã Dulce.

No dia 7 de julho de 1980, Irmã Dulce encontrou-se com o Papa João Paulo II, que a incentivou a continuar sua obra caridosa. Eles se reencontraram em 20 de outubro de 1991, quando o Sumo Pontífice foi ao Convento Santo Antônio visitar a religiosa, que se encontrava fragilizada por sérios problemas respiratórios.

Irmã Dulce foi indicada ao Prêmio Nobel da Paz, em 1988, e morreu em 13 de março de 1992, aos 77 anos.

Seu processo de canonização perdurou por 19 anos, sendo que o primeiro milagre conferido a ela foi o acontecimento inexplicável na vida de Cláudia Cristina, que reside em Itabaiana/SE. Quando nasceu seu segundo filho, Cláudia foi acometida por forte hemorragia. Desenganada, após passar por três cirurgias, um padre deu-lhe um retrato de Irmã Dulce, que foi afixado em seu leito. Milagrosamente, a hemorragia parou horas após o recebimento da fotografia, e Cláudia Cristina foi curada.

O segundo milagre, aprovado pelo Vaticano, aconteceu em 10 de dezembro de 2014. O maestro baiano José Maurício Bragança Moreira recebeu a graça da cura de um problema de glaucoma. José Maurício relata sua história de fé, que culminou com a canonização de Irmã Dulce: "Eu fui paciente de glaucoma muito grave, que me cegou durante 14 anos. No dia do milagre, meu coral ia cantar, mas minha esposa nem me deixou sair de casa por causa do derrame que eu tive nos olhos devido a uma conjuntivite viral. Eu passei a noite sem conseguir dormir e, por volta das 4h, peguei a imagem de Irmã Dulce, que estava na cabeceira de minha cama, coloquei-a em meus olhos e pedi que ela aliviasse minha dor, porque estava muito difícil, já que eu não dormia há quatro dias. Nesse mesmo momento, quando eu coloquei a imagem de volta, bocejei. Então, ela me fez dormir; acredito que tenha operado durante meu sono. Quando eu acordei de manhã, minha esposa me deu umas compressas de gelo. Nesse instante, eu comecei a enxergar o gelo e minha mão; aos poucos, a visão foi voltando. O momento que começou o retorno da visão foi pouco tempo depois da oração. É um milagre!" Apesar de ter voltado a enxergar, os exames médicos do miraculado permanecem extraordinariamente sendo de um paciente cego.

A vida de Irmã Dulce, o Anjo Bom, foi uma verdadeira obra de amor aos doentes e excluídos. Foi beatificada pelo Papa Bento XVI no dia 22 de maio de 2011, em Salvador. A canonização de Irmã Dulce, a primeira mulher santa, nascida no Brasil, aconteceu, em 13 de outubro de 2019, em uma cerimônia presidida pelo Papa Francisco, no Vaticano. O dia 13 de agosto é a data oficial de celebração de sua festa litúrgica, sendo invocada com o título de Santa Dulce dos Pobres.

Oração inicial

– Em nome do Pai, do Filho e do Espírito Santo.
– Amém!
– A nossa proteção está no nome do Senhor.
– Que fez o céu e a terra!
– Ouvi, Senhor, minha oração!
– E chegue até vós o meu clamor!
– Vinde, Espírito Santo, enchei os corações de vossos fiéis e acendei neles o fogo do vosso amor. Enviai vosso Espírito e tudo será criado! E renovareis a face da terra! Oremos: Ó Deus, que instruístes os corações dos vossos fiéis com a luz do Espírito Santo, fazei que apreciemos retamente todas as coisas, segundo o mesmo Espírito, e gozemos sempre da sua consolação. Por Cristo, nosso Senhor! Amém!

Oferecimento da Novena: Deus Pai, ao iniciar esta novena em louvor a Santa Dulce dos Pobres, clamo a vós que derrameis sobre minha vida todas as graças espirituais para a purificação de meu corpo, de minha mente e de meu coração.

Quero doar-me inteiramente aos propósitos que me conduzem a vós; ajudai-me a ser perseverante na fé e, guiado por vosso amor, fazei de mim um instrumento de vossa paz. Que eu faça de meu viver um templo de caridade, como fez Santa Dulce ao entender que "o importante é fazer a caridade, não falar de caridade". Que eu perceba as necessidades de meus irmãos, principalmente dos doentes e excluídos, amando-os como amou-nos Jesus Cristo ao se entregar à Cruz da Salvação (*pedir a graça a ser alcançada*). Bondosa e amável Santa Dulce, levai aos Céus meus clamores e auxiliai-me em minha missão de sempre amar a Deus e a meus irmãos. Assim seja. Amém!

Oração final

Pai Misericordioso, recebei meus pedidos que agora vos faço, olhai por mim e por todos aqueles que recorrem a vosso infinito amor. (*Faça suas preces espontâneas.*)
– *Rezar 1 Pai-nosso, 3 Ave-Marias e 1 Glória ao Pai.*

Jesus Misericordioso, ao terminar este dia de novena, eu quero vos agradecer por vosso amor tão grandioso e pela esperança que se renova em meu ser. Que a exemplo de Santa Dulce dos Pobres, eu seja a luz para aqueles que se perderam na fé e que eu leve o carinho àqueles que esqueceram o calor de um abraço fraterno. Bendita Santa Dulce, intercede a Deus por mim, dá-me a coragem e a perseverança para servir meus irmãos pobres e doentes, como Jesus Cristo nos ensinou. Pela intercessão de Santa Dulce e de todos os santos, abençoai-me e protegei-me, ó Deus Todo-Poderoso: Pai, Filho e Espírito Santo. Amém!

1º Dia
Santa Dulce e a obra de Deus

1. Oração inicial *(p. 8)*

2. Palavra de Deus *(Gn 1,27-28)*
E Deus criou o ser humano a sua imagem; à imagem de Deus o criou: homem e mulher os criou; Deus os abençoou e disse: "Sede fecundos e multiplicai-vos, enchei a terra e submetei-a; dominai sobre os peixes do mar, sobre as aves do céu e sobre todo ser vivo que rasteja pelo chão".
– Palavra do Senhor!

3. Reflexão
Quando Deus nos criou, sua obra foi idealizada com toda perfeição, pois Ele nos queria a sua imagem e semelhança. Contudo, quando o ser humano desviou-se do projeto divino, trilhando o caminho do pecado e da violência, todos os

outros males invadiram o coração. Mas todos os dias somos chamados a seguir os ensinamentos de seu Filho Jesus, que nos lembra de que nossa vocação é o amor. Como Santa Dulce, é nossa missão dar continuidade à obra de Deus, doando-nos aos necessitados e levando o Evangelho a toda criatura.

Santa Dulce dos Pobres, que aprendamos com tua benevolência a sermos instrumentos de Deus na vida de tantos sofredores, que padecem sozinhos e abandonados nos leitos dos hospitais. Intercede por todos aqueles que foram desenganados, perderam a esperança de recuperar a saúde e dá-lhes a cura de suas enfermidades, se for da vontade divina. Amém!

4. Meditando as palavras de Santa Dulce

"Obra de Deus não se interrompe, porque Ele não permite. Se foi Deus quem construiu o hospital, por que haveria de sofrer interrupção? Eu nada fiz, porque nada sou. Quem faz tudo é Deus, nunca se esqueça disso."

"Se fosse preciso, começaria tudo outra vez do mesmo jeito, andando pelo mesmo caminho de dificuldades, pois a fé, que nunca me abandona, dar-me-ia forças para ir sempre em frente" (Santa Dulce).

Senhor Jesus, neste momento de profunda oração, recebo em meu coração as palavras de Santa Dulce dos Pobres, que procurou sempre viver vossos ensinamentos de amor. Que suas palavras sejam fecundas em meu ser e que eu seja para meus irmãos necessitados o abrigo de que tanto necessitam. Amém!

5. Oração final *(p. 10)*

2º Dia
Santa Dulce e a força do amor

1. Oração inicial *(p. 8)*

2. Palavra de Deus *(1Jo 4,7-10)*

Caríssimos, amemo-nos uns aos outros, porque o amor vem de Deus. Todo aquele que ama nasceu de Deus e conhece a Deus. Mas quem não ama não conheceu a Deus, porque Deus é amor. Foi assim que se mostrou o amor de Deus para conosco: Ele enviou ao mundo seu Filho único, para que tivéssemos a vida por meio dele. Nisto consiste o amor: não fomos nós que amamos a Deus, mas foi Ele que nos amou e nos enviou seu Filho como vítima de expiação por nossos pecados.

– Palavra do Senhor!

3. Reflexão

O verdadeiro amor só encontramos em Deus, pois Ele é o Amor. O mundo oferece falsos amores, os quais distanciam o homem de Deus. Não tem valor ajudar o próximo se o Deus-Amor não habitar o nosso coração: "Se eu distribuo todos os meus bens, mas se não tenho amor, de nada me serve" (1Cor 13,3). Tão grande é o amor de Deus, que Ele nos deu Jesus Cristo como prova do seu amor. Que aprendamos a nos doar verdadeiramente ao irmão sofredor, para a construção de um mundo mais justo, sem fome e sem distinção.

Ó Santa Dulce dos Pobres, ensinaste-nos que a sociedade seria totalmente diferente se nos amássemos mais. Não haveria tanto ódio e tanta guerra; a paz reinaria sobre toda a terra. Ajuda-nos, ó bendita intercessora, a sermos protagonistas de nossa história, difundindo o amor por nobres atitudes que edificam o Pai e cooperam para o engrandecimento dos irmãos excluídos. Assim seja!

4. Meditando as palavras de Santa Dulce

"Sempre que puder, fale de amor e com amor para alguém. Faz bem aos ouvidos de quem ouve e à alma de quem fala."

"Se houvesse mais amor, o mundo seria outro; se nós amássemos mais, haveria menos guerra. Tudo está resumido nisto: dê o máximo de si em favor de seu irmão, e, assim sendo, haverá paz na terra" (Santa Dulce).

Ó Deus-Amor, ajudai-me a ter um coração puro, que não procura seus próprios interesses. Que as palavras da amável Santa Dulce me conduzam a colocar em prática os ensinamentos de Jesus Cristo. Amém!

5. Oração final *(p. 10)*

3º Dia
Santa Dulce, exemplo de caridade

1. Oração inicial *(p. 8)*

2. Palavra de Deus *(Mt 25,31-36.40)*

Quando o Filho do homem voltar em sua glória, acompanhado de todos os seus anjos, irá sentar-se em seu trono glorioso. (...) Então o rei dirá aos que estiverem à direita: "Vinde, benditos de meu Pai, recebei em herança o reino que vos está preparado desde a criação do mundo. Pois eu estive com fome e me destes de comer, estive com sede e me destes de beber, fui estrangeiro e me acolhestes, estive nu e me vestistes, fiquei doente e me visitastes, estive na prisão e me fostes ver. Na verdade vos digo: toda vez que fizestes isso a um desses mais pequenos dentre meus irmãos foi a mim que o fizestes!"

– Palavra da Salvação!

3. Reflexão

Muitas vezes nosso coração humano se fecha às necessidades do outro: tornamo-nos indiferentes e não enxergamos a presença de Jesus em nosso irmão. Sempre é tempo de recomeçar! Praticar a caridade é aceitar a missão de Deus para nossa vida. Santa Dulce deu-nos exemplo concreto de sua compaixão, fazendo de seu próprio lar um abrigo de amor para muitos sofredores. E Jesus se compadeceu diante da fome daquela grandiosa multidão, multiplicando o seu amor por meio de cinco pães e dois peixes (Mc 6,38). Trabalhemos por um mundo mais acolhedor, pois a messe é grande, mas os operários são poucos.

Ó Santa Dulce dos Pobres, foste, neste mundo, modelo de caridade, missionária dos aflitos, não permitindo que a pobreza permanecesse intacta diante de teus olhares. Promoveste a multiplicação da compaixão pelas dores alheias, fazendo muitos enxergarem que Cristo está totalmente presente no irmão sofredor e que é preciso exterminar as mazelas sociais, se quisermos servir a Deus de todo o coração. Auxilia-nos, Santa Dulce, e ajuda-nos a sermos sinais da caridade divina, pois queremos um mundo melhor para todos. Amém!

4. Meditando as palavras de Santa Dulce

"O importante é fazer a caridade, não falar de caridade. Compreender o trabalho em favor dos necessitados como missão escolhida por Deus."

"Se Deus viesse a nossa porta, como seria recebido? Aquele que bate a nossa porta, em busca de conforto para sua dor, para seu sofrimento, é um outro Cristo que nos procura" (Santa Dulce).

Mestre, que essa mensagem da piedosa Santa Dulce seja fecunda em meu ser. Abri meu coração e ajudai-me a praticar a caridade: quero ser mais humano e fraterno com meus irmãos sofredores. Amém!

5. Oração final *(p. 10)*

4º Dia
Santa Dulce
e a confiança em Deus

1. Oração inicial *(p. 8)*

2. Palavra de Deus *(Sl 56,10-14)*

Vão recuar meus inimigos, quando eu vos invocar; sei que Deus está do meu lado. Em Deus, cuja promessa eu louvo, em Deus confio, não temerei: que pode fazer-me um homem? Mantenho, ó Deus, os votos que vos fiz: vou render-vos ações de graças, porque me livrastes da morte, preservastes meus pés da queda, para que eu caminhe na presença de Deus na luz dos vivos.

– Palavra do Senhor!

3. Reflexão

Por quantas adversidades passamos em nossas vidas? Certamente, são inúmeras as ocasiões em que nos desesperamos com a violência, doenças, tristezas etc. Há quem se perde no caminho, desacreditando na vida, mas Deus está sempre conosco, pronto para nos socorrer. A oração é a chave para encontrar forças e confiança em Deus: "entrega a Deus teu futuro, espera nele, que Ele vai agir" (Sl 37,5). Nossa Santa Dulce também passou por momentos difíceis, mas compreendeu que o essencial é confiar em Deus e levar a esperança àqueles que se perderam na vida.

Santa Dulce dos Pobres, por vezes, desacreditamos no infinito Amor do Pai, por causa de nossa fraqueza humana, mas queremos fortalecer nosso espírito, pedindo tua intercessão nos momentos em que o mal tenta imperar. Sê nosso auxílio, diante de Deus, nas angústias, que roubam nossa paz. Também pedimos a misericórdia do Pai Onipotente pelas ocasiões em que fracassamos em nossa fé. Obrigado, meu Senhor, vós sois nosso refúgio e nossa proteção! Amém.

4. Meditando as palavras de Santa Dulce

"É preciso que todos tenham fé e esperança em um futuro melhor. O essencial é confiar em Deus. O amor constrói e solidifica."

"Nós somos como um lápis com que Deus escreve os textos que Ele quer ditos nos corações dos homens" (Santa Dulce).

Ó Deus Pai Misericordioso, revigorai minha vida, aumentai minha esperança e realizai vossa vontade. Que o testemunho de doação de Santa Dulce dos Pobres me faça agir em favor daqueles que não creem em vós, mostrando que sois a única esperança, que renova toda a face da terra. Amém!

5. Oração final *(p. 10)*

5º Dia
Santa Dulce e o perdão

1. Oração inicial *(p. 8)*

2. Palavra de Deus *(Mt 18,21-22)*

Pedro aproximou-se de Jesus e perguntou: "Senhor, quantas vezes devo perdoar a meu irmão se ele pecar contra mim? Até sete vezes?" Jesus respondeu-lhe: "Não apenas sete vezes, mas até setenta vezes sete".

– Palavra da Salvação!

3. Reflexão

Só aquele que realmente ama seu irmão sabe perdoar-lhe, pois o amor exige perdão sem medida. A crucificação do Filho de Deus foi prova viva de que o verdadeiro Amor pode não somente salvar toda a humanidade, como também perdoar todos os nossos pecados. Portanto, o amor gera o perdão. Muitas vezes, somos como Pedro, perguntamos a Deus se precisamos sempre desculpar as faltas do irmão e nos esquecemos do quanto somos pecadores. O rancor, a mágoa e o ódio são sentimentos terríveis, que nos separam do amor divino e vão matando, aos poucos, aquele que não sabe perdoar. Como anunciava Santa Dulce dos Pobres, é preciso perdoar sempre se quisermos viver em paz e em união com Deus e com nossos irmãos. Perdoar sempre, eis a nossa salvação!

Ó Santa Dulce dos Pobres, mantiveste um coração aberto ao perdão, procurando sempre viver em união com todos os que te rodeavam, porque somente a paz poderá reconstruir o que o rancor destrói. Por isso, pedimos-te: sê nosso amparo, para aprendermos a perdoar, verdadeiramente, àqueles que nos ofenderam. Ajuda-nos a retirar todo rancor que impede de sermos seguidores de Cristo, pois somente conseguiremos caminhar com Ele se purificarmos nosso coração de todos os males. Assim seja!

4. Meditando as palavras de Santa Dulce

"Procuremos viver em união, em espírito de caridade, perdoando uns aos outros as nossas pequenas faltas e defeitos. É necessário saber desculpar para viver em paz e união" (Santa Dulce).

Jesus, hoje eu venho vos pedir a graça do perdão. Purificai meu coração para que se torne semelhante ao vosso. Dai-me um espírito generoso, capaz de amar, perdoar e de se doar sempre, a exemplo da acolhedora Santa Dulce, que sofreu e se compadeceu diante das misérias humanas. Ó Mestre, quero viver vossos ensinamentos e perdoar não apenas sete vezes, levando aonde for preciso a paz e o amor a todos os irmãos. Amém!

5. Oração final *(p. 10)*

6º Dia
Santa Dulce e a oração

1. Oração inicial *(p. 8)*

2. Palavra de Deus *(Mt 6,6-8)*

Disse Jesus: "Quando fores rezar, entra em teu quarto, fecha a porta e reza a teu Pai em segredo, e teu Pai, que conhece todo segredo, dar-te-á a recompensa. Em vossas orações, não useis muitas palavras, porque vosso Pai sabe o que precisais, antes mesmo que lho peçais".

– Palavra da Salvação!

3. Reflexão

Quantas vezes nos dirigimos a Deus em meio a nossas dificuldades, a desafios e a limitações? Nosso Pai misericordioso está sempre a nos escutar. Contudo, para isso é necessário estar em sintonia com Ele, por meio da oração e do silêncio do coração. É necessário deixar que Deus penetre nosso interior e comunique-se conosco. Muitas vezes, só queremos falar e não escutamos o que Deus nos diz. Ainda, há quem o culpe por não ter atendido as preces, mas, na verdade, só Ele sabe o que é melhor para nós, só Ele conhece nosso futuro. Se Deus não nos fala é porque estamos sempre falando no lugar dele.

Ó Santa Dulce dos Pobres, foi pela oração que conseguiste atravessar os momentos mais difíceis. Enquanto muitos tentavam abortar tuas obras de amor, pediste, em teu íntimo, a proteção do Senhor para te dar a coragem necessária para seguir a cada desafio. Ó amada santa, recorremos a tua intercessão para nunca desanimarmos se o desespero e a dor surgirem. Enfim, queremos também agradecer as bênçãos de Deus, que renova nosso ser pelos dons do Espírito Santo. Amém!

Pai, que aprendamos a ouvir vossa voz, aceitar vossa vontade e não somente pedir, mas também agradecer. Amém!

4. Meditando as palavras de Santa Dulce

"Habitue-se a ouvir a voz de seu coração. É através dele que Deus fala conosco e nos dá a força de que necessitamos para seguirmos em frente, vencendo os obstáculos que surgem em nossa estrada" (Santa Dulce).

Deus Pai, neste dia, eu quero primeiramente vos agradecer tantas graças recebidas e vos pedir: guiai meus passos, não me deixeis vacilar no pecado e realizai em mim vossa vontade. E, meditando as palavras de Santa Dulce dos Pobres, que eu abra meu coração para escutar o que vós quereis me transmitir. Amém!

5. Oração final *(p. 10)*

7º Dia
Santa Dulce, defensora do templo de Deus

1. Oração inicial *(p. 8)*

2. Palavra de Deus *(1Cor 6,13.15.19-20)*

O corpo não é para a impureza; é para o Senhor. E o Senhor é para o corpo. Não sabeis que vossos corpos são membros de Cristo? Ou não sabeis que vosso corpo é templo do Espírito Santo que está em vós, e que recebestes de Deus, e que, portanto, não pertenceis a vós mesmos? Fostes, na verdade, comprados por um preço. Glorificai, portanto, a Deus em vosso corpo.

– Palavra do Senhor!

3. Reflexão

Ao nascermos, recebemos o Espírito Santo pelo Batismo, nosso corpo torna-se templo sagrado de Deus e passamos a pertencer à Igreja de

Cristo. Somos chamados a cuidar do corpo que nos foi doado, pois ele pertence a Deus. Infelizmente, muitas vezes, o ser humano mancha seu corpo com os vícios do alcoolismo, das drogas, da luxúria, da prática da violência, manipula e maltrata o corpo, afastando-se da graça de Deus. Ao aceitarmos que nosso corpo é domínio do Espírito Santo, temos respeito a nossa vida e à vida do próximo.

Ó Santa Dulce dos Pobres, que aprendamos a zelar pela pureza de nosso corpo e nossa mente, templo e altar do Pai, Filho e Espírito Santo. Queremos nos comprometer em assumir uma postura cristã, que repudia quaisquer pensamentos e atitudes que nos conduzam ao pecado, em defesa do templo de Deus, que é nosso corpo. Desse modo, decidimos entregar nosso corpo ao Pai, para que seja sempre o lugar de sua moradia e jamais residência do pecado, que nos leva às trevas.

Que a exemplo de Santa Dulce, cuidemos das enfermidades físicas e espirituais de nossos irmãos e, livres dos preconceitos e dos vícios, unamo-nos em comunidade, formando um só Corpo em Cristo, nosso Salvador. Amém!

4. Meditando as palavras de Santa Dulce

"O corpo é um templo sagrado. A mente, o altar. Então, devemos cuidá-los com o maior zelo. Corpo e mente são o reflexo de nossa alma, a forma como nos apresentamos ao mundo é um cartão de visitas para nosso encontro com Deus" (Santa Dulce).

Pai Eterno, ensinai-me a preservar meu corpo e minha alma dos vícios e a renunciar tudo aquilo que me desvirtua de vossa Lei. Que, a partir das palavras da piedosa Santa Dulce, vós purifiqueis meu coração para levar o Evangelho a meu irmão sofredor. Amém!

5. Oração final *(p. 10)*

8º Dia
Santa Dulce e a presença de Deus entre nós

1. Oração inicial *(p. 8)*

2. Palavra de Deus *(Mt 1,18.22-23)*

Assim aconteceu o nascimento de Jesus: Maria, sua mãe, era noiva de José e, antes de viverem juntos, ela ficou grávida por obra do Espírito Santo. Isso aconteceu para se cumprir o que o Senhor tinha dito pelo profeta com estas palavras: "A virgem conceberá e dará à luz um filho, a quem chamarão Emanuel, nome que significa 'Deus conosco'".

– Palavra da Salvação!

3. Reflexão

"Eu estou convosco todos os dias, até o fim do mundo!" (Mt 28,20). Essas palavras são as últimas que Jesus dirigiu a seus discípulos, promessa que entusiasmou e marcou para sempre a vida dos apóstolos. Também experimentaremos esse amor incondicional de Jesus se nós acreditarmos que Ele se faz presente em nosso meio; por meio da Eucaristia, do Evangelho, dos pobres e excluídos, Ele está vivo em todos nós.

A caridosa Santa Dulce sentiu esse imenso Amor, desde a infância, ao oferecer sua própria casa a Cristo, presente na pessoa dos doentes e dos pobres excluídos pela sociedade.

Ó Santa Dulce dos Pobres, nunca deixaste nenhum filho de Deus abandonado, pois jamais esqueceu o quão precioso era cada um deles aos olhos do Pai. Em cada irmão, Deus está presente e bate a nossa porta pedindo um pouco de pão e amor. Infelizmente, ainda há quem desvie seu olhar, diante dos sofrimentos alheios, crucificando Cristo ao negar ajuda a quem lhe implora. Santa Dulce dos Pobres, ajuda-nos a abrir nosso coração para abrigar Jesus, que sofre nos irmãos doentes e marginalizados. Que sejamos caridosos e compassivos, socorrendo a todos sofredores. Amém!

4. Meditando as palavras de Santa Dulce

"O amor supera todos os obstáculos, todos os sacrifícios. Por mais que façamos, tudo é pouco diante do que Deus faz por nós" (Santa Dulce).

Jesus Cristo, eu quero sentir vossa presença real em meu viver ao refletir a mensagem dita por Santa Dulce. Que seu exemplo seja um impulso para enfrentar os desafios da vida, e iluminados por vosso Espírito Santo, possamos contemplar vossa presença por meio do Evangelho e da Eucaristia, alimento para a vida nova e estímulo à prática da caridade. Amém!

5. Oração final *(p. 10)*

9º Dia
Santa Dulce e nossa missão

1. Oração inicial *(p. 8)*

2. Palavra de Deus *(Mc 16,15-18)*

Jesus disse aos apóstolos: "Ide pelo mundo inteiro e proclamai o Evangelho a toda criatura! Quem crer e for batizado será salvo. Quem não crer será condenado. Estes são os sinais que acompanharão os que creem: em meu nome expulsarão demônios, falarão línguas novas, pegarão em serpentes e nada sofrerão se beberem algum veneno, imporão as mãos sobre os doentes e estes ficarão curados".

– Palavra da Salvação!

3. Reflexão

Você já parou para pensar qual é a sua missão neste mundo? Jesus nos revela hoje nosso compromisso: levar o Evangelho a todos, que não é somente palavras, mas é a vida nova. Necessitamos primeiramente ser transformados por sua Palavra para depois levar a salvação ao irmão. Do mesmo modo que nos transmitiram o Evangelho, temos o dever de anunciá-lo, pois todos têm o direito à única salvação, que é o Filho de Deus. Acreditar em Cristo é a chave para a vida eterna.

A missão de Santa Dulce foi louvável aos olhos de Deus, pois jamais desistiu de levar o Evangelho e praticar a caridade.

Ó Santa Dulce dos Pobres, nossa fiel intercessora, cumpriste a missão confiada pelo Pai, abriste teu coração a todos os marginalizados e doentes, enfrentando as dificuldades na companhia de Cristo. Levaste o Evangelho por onde caminhavas, pois a missão do verdadeiro cristão nunca se encerra até que seja chamado para junto do Pai.

Ó amada Santa Dulce, queremos te agradecer interceder pelo povo brasileiro e por todos que te recorrem e por ser sinal de esperança para esta sociedade sofrida pela violência e corrupção. Ensina-nos que, pelo amor ao próximo e pela fé em Deus, podemos operar grandes obras, capazes de salvar tantos que padecem nos leitos dos hospitais, sem o devido tratamento, e de saciar tantos que se encontram famintos e maltrapilhos, esquecidos pelas ruas das cidades.

Que sejamos anunciadores de Cristo e construtores do Reino de Deus, pois essa é nossa verdadeira missão!

4. Meditando as palavras de Santa Dulce

"No amor e na fé encontraremos as forças necessárias para nossa missão."

"Quando nenhum hospital quiser aceitar algum paciente, nós aceitaremos. Essa é a última porta, por isso, eu não posso fechá-la" (Santa Dulce).

Glorioso Jesus, fazei de mim missionário de vossa Paz, anunciador de um mundo sem violência, sem miséria, sem exclusão e praticante da caridade, conforme anunciastes a Santa Dulce dos Pobres e a toda a humanidade. Assim seja. Amém!

5. Oração final *(p. 10)*

Índice

Santa Dulce dos pobres 3

Oração inicial 8

Oração final 10

1º dia: Santa Dulce e a obra de Deus 11

2º dia: Santa Dulce e a força do amor 14

3º dia: Santa Dulce, exemplo de caridade 17

4º dia: Santa Dulce e a confiança em Deus 20

5º dia: Santa Dulce e o perdão 23

6º dia: Santa Dulce e a oração 26

7º dia: Santa Dulce, defensora do templo de Deus 29

8º dia: Santa Dulce e a presença de Deus entre nós 32

9º dia: Santa Dulce e nossa missão 35

Este livro foi composto com as famílias tipográficas Bellevue e Calibri e impresso em papel Offset 75g/m² pela **Gráfica Santuário.**